울기 좋은 방

지은이 김병심
펴낸이 박경훈
펴낸곳 도서출판 각

초판 인쇄 2014년 12월 19일
초판 발행 2014년 12월 24일

도서출판 각
주소 (690-809) 제주특별자치도 제주시 삼도2동 108-16 2층
전화 064 · 725 · 4410
팩스 064 · 759 · 4410
등록번호 제80호
등록일 1999년 2월 3일

ISBN 978-89-6208-119-0 03810

값 8,000원

김병심

울기 좋은 방

연암에게

초정에게

차례

1부 어린 연암에게

2부 바쁜 연암에게

3부 오래 전 연암에게

4부 연암 곁에서

1부
어린 연암에게

나란 여자 사용법
- 허물 벗는 밤은 기척 없이 지나치십시오

노래를 따라 부르는 웃음 이전의 나를 훔쳐간 사람들, 훔쳐간 웃음 대신 화장을 발라 밝아진 사람들, 그 얼굴을 보며 나를 길들인 시간들, 그 시간을 쪼개어 사람들과 평범하게 생활하는 여자, 사람들의 시간을 대신 사용하며 웃느라 시간이 없어진 여자, 노래 따윈 시간 없다는 듯 듣지 못하는 귀를 가진 지금의 엄마 같은 여자, 화장을 지우는 밤은 허물을 벗는 밤이라며 차갑게 몸이 굳어져가던 여자, 자궁을 내줄 수 없는 불 꺼진 엄마를 훔쳐간 엄마 이전의 사람. 허물을 벗을 때마다 독한 피 냄새가 난다. 피를 마신 나는 사람이 되려고 한 것은 아니었지만 거울 속 눈동자가 얼어붙은 채 엄마의 노래를 읽어 간다. 초원에서 태어난 울음을 노래로 길들인 건 사람들인데, 엄마를 닮은 나의 허밍으로 최초의 웃음을 맛본 적 있다고 적는다. 사람보다 더 사람에 가까운 나를 시대의 탓이라고 말하지 않는 사람들, 엄마를 닮아 허물을 벗는 밤이면 꽃이 되거나 동물이 되거나, 서슴없이 피가 뜨겁다는 나란 여자

우리는 분위기를 사랑해

불타는 금요일에 불쌍한 금지된 성욕자들이 한 잔의 술을 마시고 유서를 쓴다

a가 이제는 여자를 사랑하기 때문에 더는 남자에게 서지 않는다고,

b는 늘 갈망하지만 애가 딸린 홀아비라 월세방의 빈 호주머니, 라고 쓴다

낮술부터 자정을 넘긴 긴 레이스 덕에 담배를 피워도 발기하고 있다는 x가

폭풍 흡입의 구름층을 형성한다

a와 b의 뜻을 확장하며 술잔에 파묻혀 울고 넘는 그가

죽을 때까지 발기할 거라며, 제곱으로 쓴다

c는 이미 분신 사바를 끝낸 듯 바닥에 붙어있다

결국, 오래 잠든 c를 무시하기로 하고 저울 위에 자지의 무게를 달아보자며,

자지의 변수를 측정하고 나서 죽자고 덧붙인다

나는 구름빵 셔틀 속에서 한 잔의 술을 마시고

자지 속에서 죽어간 여자들을 대신해서 울었다

사랑을 잃은 그들의 근 값을 측정할 수도 없고, 해결해줄 수도 없어 잠자코 죽은 척했다

개별적으로 공식을 적용하고 싶었으나
쉽게 불륜이 되지 않는 나라에서 살아온 터라 구원이 무서워졌다
자는 척 자는 c의 머리를 베개에 얹고
이불을 덮어주며 잠시 살짝 스쳐본 죽은 그것,
불타는 금요일에 불타는 금지된 성욕은 없고
유서를 쓰는 위독한 사랑에게 불륜처럼
근의 공식을 풀고 있는 나는 불금의 시방,
사방의 검은 커튼을 부러워하는 여자들의 짧았던 생애를 생각한다
한몸으로 넘치는 성욕의 19금 토크를 받아치고도
방정식으로 방정맞게 자위하는 나의 자해의 그것,
그들의 사랑의 찬가와 마찬가지로 질기고 김빠졌다, 라고 쓴다

X언니는 자위 중

입에서 무지개를 토한다는 언니가 가끔 눈에서 빔이 나올 때는
상대의 꽃 팬티 속 숨겨진 돈을 발견할 때
필시 지구를 침략하려다 실패한 외계인일 거란 말이지
양다리도 모자라 퍼더버린 네다리와도
연극처럼 놀 수 있다는 언니
playgirl처럼 낙천적 계절에서 따듯하게
상대를 자기편으로 만드는 거야
물론 잠과 밤의 불가역적 동의하에 상대에게 친절하고 슬기롭지
그래도 현명한 언니에게 한번 어긋난다면
가까이 갈 수 없게 혼자 거침없이 떨거나
민낯에게 낱낱이 흔들어대며 불면의 밤을 벗겨 낼 테지
그게 주로 남자들이 하는 일이겠지만
상대가 뛰쳐나가지 않고서는
빌지 않고서는 안 될 체온을
자유자재로 상승과 하강에 놓고 멸종 위기로 상대를 몰고 가겠지
팁 하나 줄까

젊은 나이에 자력으로 방중술을 터득한 언니는
매우 검소하고 절약정신이 뛰어나
상대가 희귀종이거나 소의경전이라 할지라도
처음부터 마음에 안 들면 끝까지
빔을 쏘아대는 불가능한 관계란 거지
아는 것도 많아서 누구에게도 최상인 백전백승의 언니란 말이지
한번 그 비좁은 마음에 들었다면
거침없이 상대에게 무지개로 모든 걸 승화시켜준다는
다수의 수다로 전해진다는 언니
만약, 당신이 꽃 팬티 속 돈을 감추는 걸 잊었다면
오늘 밤, 밤이 새도록 독수리가 될 것인가
뱀이 될 것인가
부르르 떨며 변이하는 외계인의 X파일을 기록할 것인가
제발 그만두라고 말리고 싶지만
밤새 빨간 눈으로 지구 밖을 날아다닐 것이 불 보듯 뻔한 일
제발 언니를 붙잡지 말라고 말리고 싶지만
그건 태양계를 괴롭히는 어리석은 참견

가난

오늘도 나는
구멍 난 속옷과 보풀이 생긴 츄리닝을 정리하다가
의류수거함 앞에서 되돌아오네

속옷은 몇 번 기워 입으면 되잖아
발가벗고 누울 애인도 없으니
츄리닝은 이미 내 살갗
외출할 일 없는 백수니까
몇 번을 버렸어야 할 옷가지들을 서랍에 재우며
멀어져간 사람과 쇼핑을 떠올리나니

취업의 달달한 꿈에 시달리며 책상에 앉아
고시원 같은 단칸방의 보풀들이
밥풀의 의지를 향해 바닥에 엎드려 피는
나의 가난은
너와의 봄날을 잊고
미래로 열린 뒷문을 향한 참을 人들의 꽃밭

-밥을 사는 것보다

그리움을 버리는 것이 행복이라니
만남과 쇼핑센터여, 문자들은 이제 그만!

이 자발적 가난을 뒤로한 채 명품백을 선물한 늙은 호색한에게
빼긴 너에겐 '행복해' 라고
말할 수밖에 없지만
가난하므로 진정 나는 주인으로 사는 것이라네

하루의 일진

잘 먹고 잘 자는 사람의 구라는 둥글다
촬촬 바른 버터마냥 말이 붙는
말튀김에서 일어나 좌우를 힐끗 바라보며
배배꼬인 작것들에게 침 한번 뱉고 다리를 떨 수 있다
회오리공법의 소맥이 혀를 감을 때도 몸의 센서는 자국 없이
한 땀 한 땀 말을 이었는데
저놈이 수상하다
바로바로 되받아치는 빵구난 하루이다
종성 없이 떨어뜨리던 감탄은 모두 어디로 빠져나갔을까

공짜 술과 한 종 세트였던 벌어진 입들을 두드린 건
조용한 끄덕임의 출렁출렁한 잔만 고수하던 저놈
오늘 잘 먹고 잘 자고 나온 구라를 옭아맨
저 한마디 한마디의 부연 설명
버터가 마른 듯 퀭한 목 잠김의 저 몇 마디가
몽롱한 안개처럼 퍼진다
우르르 몰려드는 감성의 눈빛들, 침 한번 삼키고
떨린 다리를 모은 내 몸에 자국을 남긴다
저놈이 수상하다

이빨 하나로 술값을 마감하던 내 구역 안에서
화장실 한 번 안 가는 저놈에게
착착 달라붙는 여자들은 통과한 내 몸을
좌우로 찢어버린다
지지직, 다시는 구라가 발붙이지 못하게
술값이나 내라며 카운터로 몰리는 하루
저놈이 수상하다
밑 빠진 지갑의 하루 일진이 사납다

계란 프라이

'노래는 있고 돈이 없다' 와 '외로움은 있고 자존심은 없다' 가 서로 평행선에 있을 때
'자존심은 있고 아빠가 없다' 가 끼어들어 강의 슬하가 주름 잡던 삼각관계로 살고 있던 때
변변치 않지만 꽃피던 시절이라 모두 같은 길이로 마주 보고 있으면 꽤나 튼튼하고 안정적이었다

이등변 삼각관계일 땐 둔각을 차지한 그가 무명 가수로 밤무대 몇 군데 돌고 있으므로
그는 딴 여자들에게 노래를 부르던 바깥 체질이었으므로
동거하던 그녀에게 돌아오는 날이면 노래 대신 발길질을 해댔다
노래 대신 돈 대신 흠씬 두들겨 팬 후에 만들어 주던 계란 프라이 반숙 두 개

'자존심은 있고 아빠는 없다' 는 그녀를 구출하고
그와 만나지 말라며 눈자위를 계란으로 둥글리고
그래서 바다를 건너 그가 없는 곳에서 결혼을 했던가

변변치 않지만 변변이 제 길이로 사랑의 크기가 작아지기도 하고 커지기도 하였으나
삼각관계에서 사랑의 합은 반드시 180도, 불변이라 했으니
비가 오면 생각나는 그 사람이 계란차 확성기에 붙어 외로움을 부를 때마다
꽃피던 시절까지 그녀의 내각에 살아나

지금 막 두 개의 계란 프라이의 각은 예각이고
삼각관계의 합은
계란 프라이와 같다
고로 지금 자존심을 버리고 아빠가 되었으나

오랜만이다

토요일에 혼자 빈둥거리는 거, 밥 먹기 싫어진 거 오랜만이다. 영화티켓을 예매하려고 사이트를 찾아다니던 거 아무것도 아닌 일이 오랜만이다. 토요일 밤이 와도 츄리닝에 눈곱 낀 얼굴로 방 안에 틀어박히는 거 오랜만이다. 월요일부터 금요일까지 왕창 주말보고서를 작성하던 일, 주말을 둘러대느라 알리바이가 무궁무진했던 것도 별것 아닌 일. 친구들의 아버지가 죽어가고 회사 연수장이 호텔과 모텔과 장급 여관으로 빠르게 질주하던 토요일이 고요하게 사라진다. 어느새 술집 명세서와 닮던 데이트 코스도 홀가분하다. 선물 포장지 속 루즈가 산행을 싫어하는 지 방구석에서 진달래처럼 피어있다. 여전히 울리지 않는 전화와 마트광고 문자마저 싱거워진 핸드폰으로 게임이나 하는 토요일이 길어진다. 다시 어질어질 잔소리를 하는 어머니가 오랜만이고 엉겨 붙으며 제법 자라난 조카들의 장난감 같은 시끄러운 집 분위기도 아무렇지 않아진다. 그녀가 선물로 준 커플 티셔츠, 커플 속옷, 커플을 잃은 반쪽커플이 동생에게 제법 잘 어울려 쓸려가는 동안 전화는 잔소리 한번 없고, 빈둥거리며 눈곱 낀 외꺼풀의 눈동자에 오랜만에 비가 온다. 비 오는 토요일 밤이 와도 아무것도 아닌 내가 오랜만이다.

그래서

수업시간 내내 사각거리는 연필소리만 있을 때 흘깃 쳐다본 아이들 너머 한 평 넓이의 빛. 평범한 내 가슴에 문득 설렘의 기시감이 찾아오는 토요일 정오 무렵. 어떤 눈길이 그늘을 옅게 파고들어 나를 유혹하는 문득. 문을 열고 나가야만 할 것 같은 미지근한 약속. 당신과 나 사이에 남겨진 익숙한 영화가 상영되고 있는 비밀의 집. 커피와 빵으로 연명하는 다시 아침 속에 당신이 나의 얼굴을 지우지 않았을 거라는 갑작스런 식욕의 생동감. 분홍이 온몸에 피어오르던 당신과 나 사이에 남겨진 발열을 위해 돌아누운 서쪽. 조용한 곳이 추워져 벽을 세운 나의 침실마다 한 평의 빛으로 향기를 몰고 오는 창밖의 당신. 한 줄의 메시지가 문 쪽으로 귀를 끌어당긴 토요일 밤. 사각거리는 낙엽 밟는 소리로 가을 편지를 쓰는 나는 당신의 비밀이 된 사람. 발설하지 않는 것은 편지뿐만이 아닌 당신과 나.

관에 몸을 누일 때 생각한다

아이고 아이고 성화로구나*
서랍에 쓰다만 계약서의 금액이 틀렸는데
지점장은 동료의 뒷모습에 휴회와 손실을 걱정하고
순증 그래프의 검은 테이프 속에 내가 장식되어 있다
화초가 삭아가는 아침 바삭 타들어 간 나는
거짓 계약서와 비밀 복종의 예스맨으로
책상에 붙어있다 재떨이가 있다면
뇌 일부가 맞아 터졌을 거라고
영업의 바닥을 밟고 있는 발뒤꿈치가 말하고 있을까

아이고 아이고 성화로구나
전봇대에 밤새도록 홍보전단을 붙이고서
그 앞을 지나는 낮 동안 힐끔거리는 사시가 되어 간다
넥타이와 양복이 여름의 광고 전단과 닮아가는 색
옥상에 붙어 서서 담배를 피우는 동료가
전집 상품과 피부색이 같아진다
몇 퍼센트의 수당을 빼주어야 모집되는가, 순증의 비결
그래프는 말없이 검은 테이프로 동료의 모습을 지워간다

아이고 아이고 성화로구나
간밤 동료의 상갓집에서 술잔을 내려다보며 흐려진 덕분에
간 쓸개 한 조각 빼고 온 이름표 다시 달고 앉았다
동료의 몫까지 매출하고 실적을 올리면서
그놈의 수저를 내 목줄에 포개어 놓는다
먼저 간 책상의 먼지를 털며 쓸어내리는, 내 무덤
몸을 누이며 생각한다

아이 고, 아이 고

*흥타령의 후렴구.

빛나는 한때, 왕년

눈빛이 좋아 일만 개의 낱눈을 감춘 당신이 좋아 드래곤이란 상상력으로 날아다니는 거대한 허세도 좋아 당신이니까 좋은 게지, 별빛이 좋아 빛의 속도로 파닥이면 날개의 그물에 걸린 별의 냄새가 좋아 가끔 나무와 풀에 나앉은 이슬의 조도가 좋아 당신이니까 좋은 게지, 물빛이 좋아 인텔리한 당신이 침잠한 물속에서 열다섯 번이나 벗어놓은 허물의 상처가 좋아 남을 두루두루 이해할 수 있는 참회의 껍질을 내게 보여줄 때마다 수채의 당신, 솔직한 당신이니까 좋은 거야, 나에게 용기 내어 고백했으니 자랑보다 좌절을, 허영의 불꽃보다 밤바다의 고기잡이 불빛을, 나에게 데려다 주었으니 당신에겐 내가 특별한 게지, 달빛이 좋아 당신을 닮아 불완전한 변태인 내가 어린애처럼 팔딱거리며 춤추는 달밤, 버리기는커녕 감금하기는커녕 방랑을 할 수 있게 단단한 다리털로 다리걸기를 하며 주저앉힌 당신, 당신을 위해 다리 벌리기를 한 내가 어른이 될 수 있으니까 당신이 좋은 게지, 우화처럼 우아한 물 밖 세상에서 함께 짝짓기를 했던 당신이 갈색으로 짙어지는 가을 들판에서 묵직한 햇빛이 되어주어서 좋아 다채로운 당신의 빛깔로 흑백인 내가 풍부한 색을 끼얹은 마흔이 좋아 십대나 이십대가 아닌 지금 당신을 만나서 좋은 게지, 여기저기 맛본 나의 거부할 수 없는 매혹의 당신이 참이라는 명제인 중후한 나이니까 좋은 게지, 가식을 한껏 부풀려 서로를 자극시켜도 곧장 알들의 겨울나기를 위해 소박해지는 당신이라서 좋은 게지, 세상 어디를 돌아다녀도 당신의 동화 속 드래곤은 레드, 레드여서 좋아 알은 당신을 닮아 겨울동안 튼튼하게 자랄 테니까, 잡히지 않는 당신이 너무 좋아요*

*심수봉의 노래 〈미워요〉 중에서.

그림자 지우개

댓글들이 다음목록의 생으로 톡톡톡 분주하게 연결된다

손톱 끝 액정의 스토리에
오래된 경귀며 개그들을
펌하고 저장한다
문장을 다듬거나 낯 뜨거운 기사내용을 가리지 못한 것이
못내 찜찜해 목록을 뒤져보니
언젠가 누구를 비방한 문구들이 풍자를 입고
녹슨 수갑처럼 차갑게 내 스토리에 박혀 있다
손길의 안팎으로 바람이 쌓이면
어떤 그림자는 목록을 뒤지며
타인의 온기에 기대어 살고 싶다고 끈을 놓지 않았을 텐데
내가 타인의 스토리에 잠시 명석해졌던 눈과
마음처럼 자꾸 맑아지려 했던
사유 따위도 모두 내 스스로 생겨난 것이 아니라는 씁쓸,
감싸고 이해해야 할 몇 번의 거짓과 배신의 현장,
이 청춘을 걷는 동안
잠시 내 정직의 패기에 순수를 입히는 것이다
입을 봉인하고 두 주먹을 부르르 떨며

종일 눈물을 닦으며 어둠에 있을 때도
액정화면이 나에게 즐겁게 지상의 햇살을 보여주려
손끝이 닿았던 문자마다 하트가 부풀고 두근거렸다

내가 썼던 약속 같은 문자들,
생을 이어주는 바람으로 불어 그림자를 지워준 적 있었다

메다 프리마베시의 키스*

두 다리를 벌리고 서서
1.33차원 해안선을 바라보는 내 머리 위로 1.35차원이 뭉게뭉게 걸려요
2.75차원이 더욱 쪼글쪼글해지기 전에
장미문양으로 팔과 가슴선을 따라 해안선을 긋고 싶어요
한결같은 원피스의 주름으로 흉내 내는 결혼 행진

신부가 되고 싶어요
분홍의 배경무늬는 아직 아름다워요

키스의 욕망은 대략적으로 비슷할 뿐이죠
반복해서 확대해석하는 기하학 무늬가
제게도 찬란한 금빛으로 바탕이 되어 주겠죠

3.14차원의 맛일까
엿각처럼 거울반사로 훔쳐보는 저들의 거친 숨소리가
들릴 것만 같아요

에취,

1.2618차원의 눈송이가
0.6309먼지로 부서진 꿈 조각을 복제해요
아홉… 열다섯… 열아홉… 스물다섯의 경계선 너머
두 다리를 모으고 곧게 앉아
장밋빛 문양을 얼굴 가득 받고 싶어요
쪼글쪼글 주름진 신행新行,
내 안에 날 닮은 내가 또 있군요

*구스타프 클림트 참고.

정말, 무리

바다가 '우' 라고 우겼다
똑똑한 종소리가 새벽 4시에 이 세계를 바꿔버렸다
무지개로 시작하는 아침이니
동쪽의 태양은 서쪽에서 튕겨져 나온 청개구리 사주에
'일곱 빛깔을 다루는 연금술사' 라고 적어 주었다
일곱 살 때까지 그렇게 맨살로
새벽안개도 없이 바람에게 앞가슴을 펴고
왼손의 저기압과 오른손의 고기압으로
포화된 구름을 뭉쳤다
책 읽는 소리 따라 물고기처럼 입모양으로
수면 위에 그린 동그라미 얼굴,
개미떼처럼 행렬하는 초등학교 창 밖에 앉아있었다
무심코 그린 얼굴을 평생 책임지고 살았다
무리를 이룬 해와 달 출판사에 끼여
교집합이 되었다가 여집합으로 몰리면서까지
가짜 계약서에 도장을 찍으며 책을 사고팔았다
이제 책은 내가 쓴 책만 판다
이제 책은 내가 읽고 싶은 책과 내가 읽어서 주고 싶은 책만 산다

똑소리 나는 해와 달의 교주는
'무리에서 시작해서 무리에서 끝난다' 라고 이 세계를 장담했다
무리하게 사재기를 시킨 방문판매대에서 교수형을 당한 교주는
수면 밑에서 삼족까지 멸했다
책의 본질은 자유였지만 끼리끼리 행위로 연필과 종이를 모독한 대가였다
아무것도 다룰 줄 모르는 사주는 약방의 감초처럼
감정의 무리 속에서 구름층으로만 머물러 동그란 제 얼굴을 보지 못했다
신을 잃은 두억시니처럼 나열할 수 없는 전집상품의 전단지를 끼고
조건제시법으로 내가 투명하지 않게 살 때는
내가 부러워하는 무리가 아니었으므로
피도 눈물도 없어져버렸다
이제, 아무것도 씌어 있지 않은 책을 쓰고 있다

사라진 계절

시를 쓰는 계절은 장마전선 하나면 된다
일과 휴식의 세력이 비슷해서 여러 번 혼자 놓여있으니까
마음에 묻고 있던 너를 그리워할 수 있으니까

장마전선이 드리워지면 남북진동이라던
너와 나의 불규칙한 감정선을 목격한다. 무슨 착오가 있어서
늦게 발견한,
진심을 알아채고는 길게 남하한 너의 울음이
이가 흔들리도록 넘쳐났음을 안다
사과문자가
호지부지 섭섭하던 무소식들을 용서하기로 한다

두 감정 덩어리 사이에 길게 다리를 놓은 구름은
견우와 직녀도 아닌 손오공 내외를 위한 무협의 골짜기처럼
떠다니고 있다.

다만
멀쩡한 너와 나를 밀어내지 못하고 부딪히게도 못하는
이 끈적끈적하고 미적미적한 시선에 신경이 쓰였는지

가끔 천둥 번개도 배달되고 물도장 쿠폰도 찍어주는 센스,

구름 아래의 국소성 눈물범벅과 곰팡내 나는 역류성 오글거림을
시 쓰기 좋은 계절이라 하면 안 될까
발끝과 머리끝 사이를 잇는 망치의 진동과 같으니
호우주의보에 묻혀
사라진 내가 울어도 괜찮지 않을까

Call me, Tell me, Help me

너랑 살았으면 했다 처음 책상 맨 끝에 앉아 있던 눈빛
난시의 난청으로, 먼저 네 명치를 꽂았던 선배들
호기심이 사라질수록 밤거리를 피해 평범해졌지만
별들은 밤바다에서 빛을 품고 하나씩 창문 앞으로 몰려와 불탔다
회사의 서열 속에 낀 오너가 깐깐한 제안서를 들고
실적 집계표만 한 가리개로 앞과 옆자리를 가리면 사방은 벽이 되었다
조회부터 퇴근까지 나는 스마트폰을 꺼내들고 고객들 속으로 숨어들어 갔다
해가 떠있는 동안 개미제국을 향해 갔던 길을 반복 재생하는 백치가 되고
그런 고객유치를 위해 달콤하게 벼리던
계약서에 담보로 건 목숨,
금액을 산정하던 계산기는 흔적을 지우지 못하고 계속 쫓아왔다
창밖으로 초록과 파랑 붉다만 하얀 종이가 함께 돌아갈 무렵
귓속에 무한 도청장치를 달고 폭죽이 터져
그래 그때부터였다 창문을 무심히 바라보는 일이 많아져

오색 종이 펄럭이며 저 높은 곳으로 나를 올려다 놓는 별을 찾기 시작한 것은

고객의 번호 대신 너에게 달아나는 손끝, 따뜻한 밤바다가 조금씩 기억이 난 것은

처음으로 창문을 열고 빛을 쬐고 싶어졌다

네가 떠난 후 칸막이로 가려진 책상, 눈물지게 너의 이별을 내 몸에서 살려내고 싶다

두릅 낭*

너희가 마시기 전까지 내 흐름은 견고했다
줄기와 새순으로 뻗던 하늘 끝
직선의 속도에서 뿌리를 뽑아낸 것이다
흙을 털어내자 수직은 좌표를 틀고
평지에서 균형을 잃고 말았다
방치한 사방이 달려들어 푸석해지는 동안
지탱은 스펀지처럼 바스라지고 갈라져버린 것이다

약재상의 가마솥에 담겨
과열한 고문으로 탈태하고 나면
환골로 돌아가는 평장과 함께
지금, 입안으로 들어가는 내 형식을
아직, 낭이라 불러달라는 서간체로 쓴다

하늘을 찌르던 만장의 푸름은 이제 가시가 아니다
촉진제가 되어 파형의 상형을 몸 안에 발설할 것이다
아직도 부조리가 착취하고 있는
탯줄에게 손짓발짓 신호음을 보낼 것이다
이 씁쓸한 진통이 무기력한 몸 안을 갈아엎어

어떤 착란의 복구도 시도할 수 없다면
그냥, 낭이라 불러다오

끝나지 않는 이 현재를 원시의 처방전에 쓴다면
총목피의 흡吸, 낭

*나무의 제주어.

우정의 수

220과 284는 주인 없는 집도 왕래가 잠정적으로 허락된 사이였다
서로를 진정한 약수라 부르며 소통을 나누어도
비난과 공격이 아닌 비평으로 떨어지는 사이였으므로

커피를 마시지 않는 220이 커피를 끓이고
남을 위한 비타민제와 요리를 궁리하는 284의 새로운 면모가 허락된 사이였다

서로 너무나 닮은, 서로에게 없어서는 안 될
권력과 정치와 이데올로기를 씹으며
텅 빈 세상에 세 들어 사는 사이였다

남몰래, 내 허락 없이, 주인 없는 집에
들락날락하지 말라고 핀잔을 주고 싶지만
뻔한 마음속을 제 집처럼 한번쯤은
제 집처럼 살아보고 싶어 하는
뻔뻔한 사이였으므로
소동을 덮고 고백하자면
동어반복을 하는 사이였으므로

초승달

눈썹을 모독하는 마취에 눈을 감는다. 너무 어린애 같은 이름에 갇힌 과거를 버리는 취미라고 타이른다. 그러니 장미여관에 세 들어 사는 봉순이쯤으로 새겨주세요. 희고 곱다란 웃음 따위에 애써 빗은 머리를 헝클고 싶은 나이쯤에서 멈춰주세요. 70년대 가발 광고에 나오는 초승달 눈썹을 한 미스 봉순이가 커피를 내올 차례라고 말한다. 다시 돌아가 두 번째 생을 이을 차례를 기다리며 감는 눈. 따분한 눈썹 위로 핏물을 내주세요. 죽은 다음 이름 대신 나의 흰 등을 사랑하게 해주세요. 형제들이 빠져나간 폐족의 집터 같은 죽음. 굶주린 피라도 팔고 싶던 생략된 가족의 서사를 새로 짜낸다. 합창하는 새소리가 병풍 뒤에서 들리도록 나는 피를 흘렸다. 과거까지 박제하는 흥미로운 관상은 점괘의 실패작이다. 따분한 미신에 순교한 무당의 작두를 애도하며 흠집 내던 함정놀이는 모두 실패다. 빈번한 사업실패로 받은 모독 따위 동서분주한 시비로 사냥되던 숱이 흩어져버렸으므로, 모두 실패작이다. 나는 나를 닮은 이름이 싫어 그러니 굴곡 있어 말년이 탁하다는 너무 어린애 같은 구설수도 실패작이다. 짐짝 같은 봉순이를 작정하고 문신을 한다. 그러므로 점괘는 과거의 빙하기에서 모두 실패작이다.

붙이고떨어져라탕

반지를 피부인 양, 귀걸이와 목걸이마저 줄무늬처럼 입고
번호표 열쇠는 발찌에서 머리끈까지 매달려 떨어지지 말기

수증기와 물총에게 부르트도록
알몸의 평등으로 각질을 털어주기

몰래 빠뜨린 한숨을 섞고 눈에서 흐르는 생각을 섞어요 비밀 편지를 읽는 물의 살갗아, 귀만 열어다오 아이를 부친 엄마는 없고 할머니의 몸에 붙어 한몸 같아 양수는 깊고 넓게 아이를 붙들고 잠겨보네, 아가야 젖을 물린 지 오랜 나의 눈을 좇아 마르고 홀쭉한 할머니의 젖이 시계추처럼 흔들린다 검버섯이 붙는 동안 떨어져 나갔을까, 어미 잊은 자식들아

얼굴엔 팩이 등엔 고무 부황이 찰싹거리는 몸짓은 외계의 소멸한 부호
어둠은 탈부착하는 하루를 빗으며 떨어지는 비눗방울로 변신하기

떨어져 있는 너를 알몸으로나 붙들고 있는 이곳
비밀 편지만 대필하는 물의 민낯을 혼내주기

초대장 없는 너를 들여보낸 배반의 살갖이
벌거벗은 눈으로 하나가 된 몸짓 묵인하기

존내 시바*

한잔의 낮술을 마시고 학교로 떠난 아이들의 이부자리를 개고 빨래를 말리다가 어젯밤을 생각하며 자위한다

남편은 내 기분을 무시한 채 그저 한 체위로 머물다 짧게 사정을 하고 잠들었다

가슴에 한숨이 떨어진다 시작도 못한 게임의 본전 생각이 뒤늦게 찾아온다
청소기와 설거지를 밀쳐두고 잠시 남편이 피우던 담배를 피워문다

내가 알던 이십 대의 여자는 마당에 심어놓은 꽃들로 자라고 줄 서던 고백이 죽고 튕기던 테러타겟이 사라지고 공주님표 결혼의 환상이 깨질 때…두근거리던 사랑의 사람들은 남편 하나에 가려 보이지 않는다

애들은 크고 각자 노는 것 한때는 제 시간 없이 시들며 집안일로 나를 버려야 한다 낮술이 졸음에 겨워 반나절이 간다 게으른 주부이거나 날쌘 아줌마이거나 마누라가 되면 집안에 갇혀 살찐 뱃살을 혼자만 바라보아야 한다

연애…다시 하지는 못해도 그저 해보고 싶은 설렘 아침 드라마와 영화 속의 연예인에게만 쏠려야 한다

꽃미남이든 상남자이든 그저 내 가슴에 붙잡아두고 어젯밤 짧은 감흥을 불러들여야 한다 얼굴에 홍조가 사그라들기 전에 어떻게든 상상의 교태를 쏟아내야 한다

두 개의 손가락 드립을 치며

차크라 속의 뱀을 몸 안에 모셔야 한다

혼자 남겨진 빈 집에서 외롭지 않게 야동의 주인공처럼 고양이 소리라도 따라 해야 하거늘

아이를 키우고 살림한다는 게 무엇이라고 여자였던 나의 감정까지 거세하는 것일까

연애는 뜬구름처럼 드라마에나 있고 짜릿함은 머릿속에서만 아리송하게 있는데 가을 바람과 억새는 속절없이 오름을 애무하는 시월의 어느 멋진 한낮

자꾸 쓰이지 않아 잊혀가는 내 몸의 여럿 감전센타가 노골적으로 폐업당한 채 울고만 있는데

* 박인환 시인의 〈목마와 숙녀〉를 다시 써보기.

2부
바쁜 연암에게

기억해, 기억해

사계절은 언제나 돌아왔다
짧고 긴 차이 속에서
사라지지 않았다

텃밭을 만들던 당신이 가면
열매를 키울 당신이 오고
열매를 따서 장에 내다 팔 때
함께 흥정하는 당신이 있다
당신을 생각하며 아랫목에 누워
설인에게 편지를 쓰며 열매를 꺼내 먹는
내게 사계절은 반드시 돌아왔다

짧고 긴 이별은 있지만
되돌아오는 당신
계절이 가고 계절이 오는 긴 장마에
'안녕'
손 흔들며 당신에게 웃음 지을 수밖에
나를 떠나는 당신
나에게 오는 당신

동백나무

삼십 년 동안 나타나지 않던 담장 너머 집주인이
한 그루당 백만 원
서른 그루 값을 내라고 했다

담장 너머에 세 들던 철공소 삼촌이
춤바람 나서 도망간 부인 대신,
남겨진 애들이랑 글썽거릴 때도
아버지는 젊었는데
철공소 삼촌 부인이 동네 곗돈 다 떼먹었다고
서부두항 막고 순번제로 길목 지킬 때도
아버지의 눈은 컸었는데

방풍림을 좀 짧게 친 것이
소장도 못 쓰는 아버지의 속 바싹 태우더니만
측량기사까지 불러 놓고 보니
삼십 년 넘게 몰랐던 담장 너머까지
아버지 땅이 되어버렸는데
동백이 머리 깎고
집 찾아 돌아오니 아버지가 별이 되어버렸네

철공소 삼촌이 머리 깎고
먼저 간 하늘에
장난처럼 난장이 되어버린 담장이
개당 백만 원쯤의 꽃으로 피었네
억만금쯤의 별이 고향 하늘에 켜졌네

마당을 엿보다, 빠지다

- 박재삼 시인과 삼천포행

팽나무 그늘에 묶어둔 그네를 타며
목마른 시인의 금박 입힌 책장을 넘겨본다
숱이 많은 그의 머릿결이 빛난다
숯이 된 그의 감感이 눈시울에 고여있다
말빛이 쏟아지려는지 속 다문 입김에 감아쥔
손 우물이 깊다

갇힌 시어詩語가 출항하지 않는
목섬은 흘러가야 하는데
기억도 흘러 함께 가야 하는데
사각사각 노 젓는 소리, 연필 깎는 소리
지치지 마라
숯이 된 물그림자 속에서도
멈추지 마라
천년의 물살을 가르던 시인의 시류를 면면히 저어
낯낯을 씻어 주어라
목섬 앞 푸른 한지는 제빙의 붓 갈퀴를 헤치던
주름을 일으켜 세워라
쉬지 말고 흘러라

그네를 타다 사르르 녹아드는
시인의 입속으로
삼천포에서 엿보던 내 연애가
시 여울에 가만가만 물꼬를 트는 채근

문패를 물고 가는 인어人語떼 대문을 연다
마당 안의 집어등
천년만년
쏟아진다
출항이다

우도 등대

동쪽으로 돌아누운 등대
반짝이는 가루를 몸에서 떼어내어
옷을 짓는다

그대의 그림자, 그래서
밤에 피는 꽃으로
뒤척이며 짓는 부끄러운 옷 한 벌

어둠 속에선
울음도 빛으로 보여
이정표 묻는 고래 한 쌍 밝힐 수 있다면
무리를 찾는 이름을 불러준다면

고래의 등을 타고
솟아오른 그대의 맨살에 옷 입히는 등대
그대가 비단으로 물들면 사위어가는 등대

그대라는 그늘,
사나흘 폭풍이 일어도

손끝의 핏방울로 환한 바다

그대를 만나
동쪽으로 피어난
첫, 이라는 그대만의 열꽃

마중( )

리허설만 하는 공항에서 ( )하고 싶다
다른 약속은 정중히 거절하면서 내게 오는 ( ) 앞에 서고 싶다
언제나 너라면
바야흐로 백팔배의 손바닥을 한 접시 받치는
봄날 ( )이고 싶다
해지기 전에 도착하렴
항로를 이탈해서라도 도착하렴
오늘은 참으로 너를 ( )하고 싶다

단골 가게

제비가 돌아오면 나는 당신이 기르던 봄으로 입이 자란다
당신과 먹던 빵, 당신이 사준 커피, 당신이 마시던 막걸리,
그 집 앞으로만 지지배가, 지지배가
도통 맛이 없는 입맛으로
빵의 출처를 묻고
커피의 기계에 묻히고
막걸리 여는 법에 묻는다
당신의 무심 혹은 당신의 배려로 이 모두가 내게로 흘러왔을 지 모르지만
봄으로 일제히 돋아나는 입은
물길로 혹은 불길로 번진다
빠르게 당신으로 재구성되는 봄,
그 집 앞에서
더 이상 빵을 먹지 말라고
커피 대신 녹차를 권하고
막걸리 집 대신 시집을 선물하는 당신 아닌 중독은
아직 낯설다
당신이 사라졌는데도
다른 길은 애초에 없었다고 제비가 돌아와 입을 벌린다

첨부파일

개는 꼬리를 세우면 안 돼.
바퀴를 보면 굴리고 싶어지니까,

꼬리는 세우면 안 돼.
음주일 땐 더더욱 안 돼.
꼬리 쪽 중력을 견딜 수 없으니까,

미끼를 주겠다고?
미쳤어.
아직도 그런 수법을 쓰겠다고?
꼬리를 무는 건 절대 안 돼.

빈 병 좀 치워줘.
너무 빨리 굴렀어.
Boy' s fishing은 걸리니까, 무조건 안 돼.

꼬리를 타고 가자, go.
15세의 꼬리로는 안 돼.
안 된다고 배웠는데,

너의 목소리가 들려.
어떡하지, 이제.

당신네 나라 특별시

당신네 나라 특별시에는 사거리가 많아서 달력에 무작정 나는 동그라미를 치며 찾아가보려 애썼지만, 지도 한 장 없이 자꾸만 멀어져 간 당신의 마음속 사거리를 찾을 용기가 없다

별점 쳐보기
꽃점 쳐보기
타로점 쳐보기
화투점 쳐보기

불 꺼진 아파트 숲을 지나 봄과 여름이 노란 은행잎 터널을 지나는 밤 기차를 타고 올겨울엔 꽁꽁 언 당신네 나라 특별시로 눈꽃이 되어 날아갈 테지만, 하얀 입김으로 하하하 웃으며 볼이 빨간 소녀는 무럭무럭 동그라미 달력으로 자랄 테지만,

무너지네, 무너져요
대답 없는 당신의 마음속 사거리에는 건전지가 떨어진 초인종만 주렁주렁 잘도 자라나서

그러므로

별자리 찾기, 꽃 피는 공원 가기, 판타지 영화 보기, 청색 홍색 커플티 입기
당신과 하고 싶던 꿈의 목록이 다시 아파서
깁스를 하네

마침
그곳을 빠져나온 누군가가 있어, 적나라한 지도를 들고
당신네 나라 특별시로 사람들을 가득 손잡고 간다길래
혹은 당신 마음속 사거리의 집주인 행세를 한다길래

좌절, 좌절, 좌절한 오늘
당신은 불 꺼진 아파트에서 전구를 고치고, 달력을 넘기며 눈꽃을 쳐다본다면

빗속에서

당신과 키스를 할 적에
우리는 동물적 상상으로 맛을 보았던 것
숲속에서 나무가 초록을 게워내는 만큼
과수원에서 귤꽃이 떨어지는 만큼
빗물의 혓바닥으로 수없이 핥아대던 날이었지요

당신과 키스를 할 적에
우리는 동물적 상상으로 바라봤던 것
우산 없이 화살 맞은 돌처럼 아팠거나
어둠 속에서 서로의 가시에 찔려 울었거나
빗물의 쌀 씻는 소리로 서로의 결핍을 위로했지요

키스가 끝나면
우리의 사랑도 새털처럼 아무것도 아닌 것이 되어
햇빛이 사막의 모래알로 사이를 갈라놓지만
어떻게 등을 돌려 누운 사람들 속을 견딜까
돌처럼 심장을 담금질하고
생을 견디며 중년이 되어 가고
빗물의 고개 숙인 나이테를 안지요

하여, 울고 있는 빗물 앞에서
혼자 등을 토닥이며 가야 할 때,
당신과의 키스를 세어보며
동물처럼 컹컹컹 울고 싶어라

불참 이유

위 세 사람은 그쪽 동네에서 가장
존경-위안-사랑하는 나의 사람
그쪽 동네로 간다면 기타 등등의 시선으로
내가 죽을 사람

타향은 눈먼 질투와 충성으로 세 사람을 붙잡아 나를 부른다

잡힌 사람을 배반하고 눈뜬장님으로 사는
위 세 사람이 한꺼번에 모인 그곳은 가장
행복한 학살터-건너갈 그곳은
내가 죽어 얻을 고향

놀아줘, 놀아줘요, 지금

도시락 싸서 먹고
애들 남긴 밥 먹고
애들 신던 신발, 난닝구 입어보니 알겠다

돈,돈,돈밖에
얘기할 줄 모르면서
왜 딴 애들처럼 부자가 아니냐고 대들던
사춘기
아니지 클 때까지
결혼해서
아이가 돈,돈,돈
얘기할 때까지

물에 찬밥 말아먹어 보니 알겠다
쓰레기봉투 터지도록 눌러보니 알겠다

나중에
나중에는
돈 때문에 남는 게 없다는 걸
추억이 없다는 걸

가위에 눌려 깬 한밤

같은 노래만 반복해서 부르다 우는 소리 있어
눈을 뜨고

내 신발과 똑같은 신발을 들고 도망가는 남자 뒤로 쫓아가는 여자를 붙잡았더니

아깝다, 2년 후에 영영 데리고 갈 남자였는데
놓아준다는 여자의 말, 서늘한 홀림

검은 오름부터 자동차 안의 노래가 반복재생되던 장례식장 조문 가던, 손 없는 날
화장실에서 여러 날 울던 귀뚜라미를 창밖에 날려보냈을 뿐, 동티 없는 날

치매에 걸린 어머니가 연애하다 이별하듯 쉽게 운다고
호상인 아버지 보내며 둥근 오름 사이로 억새마냥 손 흔들던 상주

이별 후에 여러 날 앓다

꿈속마저 혼을 놓아
가슴에서 못을 뽑아 한 움큼씩 이불 밖으로 던지며 부르던 우리만의 노래
혼자만의 노래였나

나를 내쫓은 당신의 이별이
오랫동안 당신까지 스미겠으나
인연을 모두 인연이라 거두지 못할 생이라면
꿈결에도 불러선 안 될 이름이라면
못구멍뿐인 가슴으로 울다 죽을 당신의 귀뚜라미로 살다 간들 어쩌겠나

울다 깬 나의 등 뒤로
말없이 깨어나 앉는 남편, 여러 날 목이 탔겠다

아내의 방

달콤한 빗소리를 채우기엔
아기들로 가득 찬 단칸방
민낯으로 잠든 아내를 깨울 수 없었습니다
누가 심어놓았을까, 빨간 장미
콘크리트 담장 위로 뻗은 장미가 아니었다면
비 오는 날 장미 선물을 좋아하던 여자가
온종일 빗소리를 종이에 채우던 여자가
남자를 기다리고 있다는 사실을
까마득하게 흘려보냈을 겁니다
몇 번을 꾸어도 잊어버리는 꿈, 아내의 방
원고지 크기만큼 지어주겠다고
수많은 비계를 오르며 말했습니다
나뭇가지를 물고 있는 전선 위의 새를
위태롭게 바라보는 아내가
원고지 칸을 비우고 아기들의 웃음으로 채웁니다
찬밥에 익숙해지는 아내가
빗소리 장단에 아기를 업고, 방 안의 트랙을 돌며 부르는
자장가로 눈이 붉어집니다
제 이름의 집 한 채 짓는 데

몇 번의 단칸방을 돌고 돌아야겠지요
아내가 여자라는 사실을 잊기도 하겠지요
콘크리트 담장 너머 장미를 심는 이가 있다면
후드득 빗소리의 아내를 떠올리게 될 테지요
한 여자가 장미로 피어있는, 아내의 방

시시한 말

설거지를 끝낸 후에야 퇴근하셨던 어머니는 연필을 깎아 시부터 쓰시고는 늦은 커피를 저녁 대신 먹었다. 유명작가도 아닌 어머니가 말에만 관심을 가져 우리는 침묵하는 방에 들어가야 했다. 한번은 어머니가 시를 먼저 쓰지 않고 소파에 앉아 우리에게 콧노래를 불러주셨는데, 아버지는 이때다 싶어 컴퓨터로 경마게임을 하자고 했다 그런데 말들이 험하게 우리를 걷어차고 어머니를 컴퓨터 워드에 가둬버렸다 여보, 우리는 당신의 시가 시시해요

어머니는 그날부터 우리에게 비쩍 마른 말조차 보여주지 않았다. 마흔을 갓 넘긴 어머니는 유명해지셨는데 그날부터 굶주린 말들이 집안 곳곳을 난장판으로 만들어 점령했다

어머니는 지난겨울, 새집을 지으셨다 어머니가 쉬쉬한 말들이 살찌고 윤기나게 시집의 들판을 달리고 있었다 다시 어머니는 집안을 치우고 함께 식사나 하자며 커피 대신 저녁을 차리셨다

어머니의 말들은 줄지 않고 시에서 자라났다

3부
오래 전 연암에게

선인장 호텔

우리가 늦은 밤 마지막으로 커피 한잔!
버릇이 생긴 것은

맥주 서너 병과 붉은 소파를 중심축으로
방바닥 좌표에 눌러앉아 제 방으로 착각하는 것이

침대도 아닌 아파트 규격도 아닌
세카*의 쪽방에서 대칭으로 새우잠 자는 나 또한
당신들처럼 평가절하한 동성으로 아무렇게나 재워주는 것도 마찬가지
현찰박치기 같은 세카니까
오직 세카뿐

*세속의 카사노바라 불리는 사나이.

불알친구

육지에서 이사 온 친구네 거실에는 2003년도에 제작된 시화 한 점 걸려있네/ 네가 시를 쓰면 나는 그림을 그리겠네/ 두 사람의 봄날이 시작된 시화라네//

제주에 내려와 절반은 싸우고/ 나머지 절반은 코 고는 소리로 화음을 이루는 두 사람/ 질투와 잔소리는 육두문자처럼 친근하여/ 감히 가족도 근사값으로 접근하기 어렵다네//

DNA만 같아야 피붙인가/ 물물교환만 인맥의 네트워크던가/ 지겨워도 내가 너의 친구지/ 배 아픈 질투도 너니까 나의 친구지//

뭇 여인과의 밀회나 원고 쓰기는 잠시 밀어두세나/ 빼이 치는 집짓기와 검질매기 잠시 접어두게나// 집안의 경조사에만 밥상머리 대화 있던가/ 김밥에 라면이라도 얼굴반찬이라야 제맛이지//

저 유서 깊은 질투심이나 서운함 버리고/ 병풍 같은 시화 한 폭의 풍경으로 다시 돌아감세나//

서문통 뒷고개

허공에 뜬 음력 11월 30일은

그믐의 사이에서 사라진 시간, 그때 태어난 사람의 생일을 축하하는 자리에서 알았지 보이나 보이지 않는 자의 생일과 고주파의 새끼고양이 울음소리처럼 바람 타고 들리는 선명한 소리가 함께 밥상 앞에 앉았다는 것을

놀라지도 않는 반전 있는 나잇살, 살이 다 나쁜 것이 아니라며 오래오래 씹어본다

꿀꺽 삼켜본다 인생의 뒷고갯길에서 살맛을 알만하면 보이나 보이지 않는 시간으로 넘어가버리고 만다는 것을

서문통 뒷고개

하얀 간판과 계단이 있는 고깃집 우연히 들를 수 없는 곳, 작정해서 가야 먹는 뒷고기에서 배웠다

어떤 가계도

서울서 오래 살던 오빠가 내려와서
냉동실의 돌우럭, 돌돔 말려둔 거 싸들고 간다
눌어붙은 어머니의 잔소리까지 얼려
돌돌 말린 신문지에 놔뒀는데
늦지 않게 간다
돼지고기 앞 다리 살 끊어 온 오빠 친구
도련 언니, 글밭 언니 손잡고 놀러간다

이시돌 초원에 말들이 하영 커신게
그슬린 새별오름 보름달 자국이 하영 살아나신게

오빠 집 동티나지 말라고
밤새 도깨비불 되어 놀아주러 간다
사람들이 모여 노는데
막걸리 한 병이면 된다
마당에 앉아 말들을 섞어 놓으면 된다
검은 하늘에 말들을 매달면 환하다

혼자 살아도 품앗이처럼 밤새 쳐다봐주니
모두 돌처럼 울 일이 없다

피자드림*

사내들이 차례로 꿈속을 찾아와
사랑을 주는 밤이 좋아
혼자 사는 과부가 세를 놓지 못하게 수군거리는 한낮보다
꿈이라도 북적이니 밤이 얼마나 좋아
꿈이라서 연애도 삼각관계로 빠져드니 얼마나 좋아
언제나 몸은 젊고 아름다워라
웃고 신나는 여행 가방의 밤

찾아오지 않으면서
엄마는 과부야, 혼자라구
너는 과부라서 좋겠네 실컷 연애하라구
지겨운 밥상 안 차리구 혼자 맛난 거 많이 먹겠네
옷이 그게 뭐니 색이 야하다 얘~

혼자 식당에 갈 수 없어
이인분 시켜야만 배달 오는 집에 앉아
티비에 나오는 사람소리 쬐다 쪼이다
냉동된 사랑이 생겨나는 꿈이라도
실컷 꾸려고 밤마다 먹는 배달밥

*자기 전 피자를 먹고 자면 악몽을 꾼다는 서양의 말.

연변 삼춘

삼촌이 팔 년 전 시집오는 딸과 함께
한국에 온 것은 초가을이었다

지난 과거를 다 들출 수는 없지만 삼촌은 포청천과
사마천을 닮은 모습이었다 가끔 딸과 사는 집에
초대받고 가는 막일꾼들에게 갖가지 음식을 내오거나
청심환을 선물로 주시고는 노곤한 궁핍을 쓰다듬어 주셨다
연변의 옌지시에서도 조선족들과 어울려 살던 허룽의 한족,
핏줄을 따라 창바이 산맥과 라오예링 산맥으로 뻗은 투먼 강과 쑹화 강을
허공에 그리며 병법서를 살필 때는
또다시 소주에 그윽해진 눈빛의 슬하였다
삼촌의 고향을 북간도라 부른다는 사실에
김좌진과 윤동주라는 막연한 이름을 따라 불렀더니
아들처럼 근심을 거두고 웃어주기도 했다

삼촌이 돌아간다는 날, 대한 지나 매운 눈발 날리는데
어릴 적 아버지 잃던 날처럼
방구석에서 소주만 들이켰다

모리배의 손차양을 피해오던 팔 년 동안
삼촌이 되어주시던 막일 터에
지장 찍듯 도원결의하던 봄빛이 어디쯤 왔는지
지도를 펼친 손가락맞춤만 하고 있다

모스부호

아버지는 취조를 하며 탈출한다
탁,탁,탁 조서를 꾸미는 30년
죄를 만들고
탑을 쌓았다
블록과 게임을 마음껏 조종하는 타자기

어머니는 에로배우로 살거나
패션디자이너로 살았거나
마녀로 살아야 하지만
연필로 문장의 문양을 짜느라 30년
끝없는 이야기 옷을 입고
상상의 날개를 달던 일기장

아버지는 매일 밤 어머니의 일기장을 취조하고 일기장 속 배우는 멋진 변장으로 탐정을 속이는 알리바이의 천일야화를 만들었다 무거운 입 대신 탁,탁,탁, 타자기는 앵무새를 키우고 배우들과 한솥밥을 먹은 마녀는 음지의 세상을 문명으로 바꾸었다네 오호라, 세상은 둥글고 똑같구나, 위증증가 태평성대, 시를 쓰는 시인이 되고 댓글부대를 이끌고 시황제로 사는 것도 나

뻐지 않군요 아버지의 타자기로 죄인을 만들고 채찍하면 어머니의 일기장은 분주한 배우의 연기를 위해 천일 동안 대본을 짜고 있으니, 그것이 나였다 그것이 거듭 죄를 사하시고 나를 낳았다 나는 또 나를 낳고 음지는 양지를 낳고 세상은 암흑을 거듭 사하시옵고

꼬리에 꼬리를 무는 연극이 실록이거나 다큐이거나 SF라는 역사서

흠

중국인이 아파트를 10억 주고 샀다고 했다
우리가 사는 아파트가 최곳값이 되었다
우리가 자주 가던 삼계탕 집도 팔렸고
우리가 군침만 삼키던 해안도로 레스토랑도
중국인이 샀다고 했다
모두가 10억 단위다
1억은 어떤 돈일까
우리는 궁금했지만
별만큼 멀리 있는 것이라 우리 사이엔 우스갯소리였지만

중국인들이 마을 안 식당에서 밥을 먹고
관광지와 쇼핑센터에 흔하고 많게 몰려들었고
아하~ 중국인들은 면세점에서도 명품을 고르지 않고 종류별로 산다더라
그래그래~ 스크린에 나오는 주인공들이 중국에 몰려간다잖아
가면 속의 말들이 우리 사이를 우습게 만드는 요즘

없는 땅도 만들어 팔고 싶다고 탄식
조상이 묻힌 산담도 팔고 싶다고 울화통

억,억,억장 무너지는 소리가
가슴마다 불을 지르는 요즘,
꿈자리까지 도통 알아볼 수 없는 형제였던 우리는

새싹별이 뜬 까닭

배를 신발처럼, 생명선처럼 여기는 일
섬사람들에게는 그런 일

아이들을 함부로 버리고도, 아이들을 키우는 일
배 속에서 낙태된 아이들이, 하늘의 별로 다시 태어나 엄마를 밝혀주는 그런 일

입을 막으면 진실이 드러나지 않는다고 믿는 나라가
손가락으로 눈만 가린 사람의 탈을 쓴 괴물들이
사거리 전광판에서 미래를 팔아먹으며 웃고 있어도
허공에 주먹밖에 날릴 수 없는 씁쓸한 국민이 나라는 사실

가슴이 답답해도 말을 하면 안 되는 마흔이 내게도 왔으면
두 주먹 쥐고 눈물 글썽이던 청춘에게 소주만 따라주던 그런 나이

남몰래 버린 아이들이
십일월의 차가운 별로 뜨고서
꼭 나처럼 아이들을 낙태하고도
남을 갈아엎어도 손가락 귀마개로 가린 세상을

먼저 용서해버린 아이들

미안하다
지켜주지 못한 젊음으로
사랑한다
앞으로 밀린 숙제처럼 너희를 지켜야 할 어른으로

아이들을 어른처럼, 절하며 키우는 일
엄마에게는 대단한 일

엄마가 되게 해준 아이들을 대신해서
남은 아이들을 껴안는 이유,
내가 울지 않고, 눕지 않고, 병들지 않고
아이들의 밥을 짓는 이유

내내 밤뿐인 엄마에게
새싹별들이 우르르 몰려와
까까를 달라고
맘마를 달라고

막걸리의 약속

세카는 재래시장과 같아서 어떤 때는 정품과 어떤 때는 짝퉁과 술을 마셨다
위로받고 싶을 때는 복사꽃 내리는 봄밤을 데려오기도 했다
한동안 늘 불러주던 나만 빼고 저들끼리 마셔 웬수가 될 때도 있었다
시장통 순대국밥에 막걸리 마시듯 낮도 취하여 함께 식구를 잊기도 했다

그렇다고 술만 마신 건 아니었다
손금을 봐준다며 은근히 손을 잡을 때가 있는데
여자들은 속아주는 척 행복한 비명을 질렀다
세속의 카사노바에게 속지 말라고, 손을 떼어놓는 남자들
구라빵에 모여든 술판은 저잣거리의 웃음꽃이 되어
도시의 재단된 결재서류를 견디게 하였다
한끝의 스킨십도 허락하지 않는 세상은 불륜과 성추행이라 부르며
이루어질 수 없는 관계라 명명했지만
세카는 늘 거친 손과 비비고 부딪혀도 로션이 되어주었다
어느 누구에게도 흑심을 품거나 모함하지 않는 세카와의 술

자리는

재래시장과 같은 세카, 오직 세카니까

그것이 세카와 술자리를 함께할 수 있는 막걸리의 비결이었다

올레길 하모니

올레마다 한라봉 닮은 주황색
바당 속 닮은 파란색
금줄이 걸려있다
발로 걸어서 손으로 직접 걸어 놨다

몽골에 빼앗긴 땅 다신 뺏기지 말라고
바당 속 터널 만들어 고깃길 뺏지 말라고

일만 팔천 신이 쫓겨나면
산담 안의 조상도 면목 없고
제주 사람, 돌, 바람 모두 사라질까 봐
금줄이 걸려있다

빌레밭 일구던 손으로 할 수 있다면
자맥질하던 발품으로 제주 섬을 빙 싸고 돌 수 있다면
금줄을 치고 치성 드릴 수 있다면

하늘이 등 돌린 섬 되지 말라고
한라산을 오르는 주황색으로

바다로 다리 뻗는 파란색으로
올레마다 금줄의 하모니가 걸려있다

오래 살려고 쓰는 시

몸 안의 독소를 방구로 빼는 일
방구쟁이는 그렇게 살고

몸 안에 꼬인 심사를 빼는 일
남을 험담하는 욕쟁이로 살고

몸 안에 넣어두지 못한 사랑을 빼는 일
답장 없는 편지를 반성문처럼 쓰다 쓰다
그렇게 숙성한 손짓발짓 그리움
시로 발설하고
발효한 꽃 피우며 사는 일

시쟁이는 없으니
시인으로 사는 일
꽃이나 피우며 살아버리는 일

통영

여름 통영을 찾아가 동피랑 벽화를 보았고
커피에 욕을 써서 인기 있는 카페에 앉기도 했지만
내가 그리운 그이는 사무치게 눈물로 남아있었다
중앙시장 생선횟집은 제주의 탑동 동부두와 닮아있고
꿀빵은 오메기떡인가 올레꿀빵인가 하며 낯이 반가워라
택시를 타고 시내를 돌면 서귀포에 온 듯하여,
하여 그리운 그이는 제주도에 살면서도 통영을 만나고 만났었구나
그리하여 두 고향을 떠나도 떠날 수 없어
살가운 사람으로 남았구나
무작정 그이를 찾아간 여름날의 통영,
겨울을 바짝 끌어당기는 파도소리로 도착하여
시린 게걸음으로 옆구리에 파고든다
붕어빵이라도 깨물면
바다가 그이 품처럼 열음열음 덥혀줄 것만 같아
통영 하고 불러본다
란이라 불러본다

제주

몸국에 아강발 한 접시 시켜 한라산 21도 소주를 마시는
아시의 고향에선
빛이 좋은 바람 앞에서 허리 숙인다

혼자여도 초라하지 않은 동문시장 밥집에서
몸의 바다 내음과 백록담 맑은 물을 받아 마신다

미음 같고 스프 같은 국물에 몸의 물살을 가로질러
비살비살 섞인 잡뼈,
흑돼지를 즐겨 기르던 이곳 사람들의 향수가 배어있다

아강발, 이 얼마나 깜찍하거나 입이 벌어지는 발음인가

뜨겁고 얼얼한 국 한 사발
몸 안에 부으면, 조아브러
아강아강 발톱을 입안에 굴리면, 멋져브러
순백의 백록담 물이 21도 용천수처럼 몸 안에 스미게, 마셔브러

나에게도 아시가 쓰던 빛이 좋은 말이
바람처럼 술술 쏟아질 것만 같아브러, 마씸

개천의 용은 어디로 사라졌을까

과외비 벌러 휴일에도 직장 가는 아내 휴일에도 집안일 하는 남편
단순하고 경쾌한 세상에는 힐링캠프가 실시간 검색어로 1위지만
귀 닫고 더 빡센 과외만이 열독 오른다

눈 오는데 맨발에 삼선 슬리퍼 끌고 오는 아이
눈곱 안 뗀 휴일 없는 선생님
동영상 강좌만 틀어놓고 코 고는 신생님
책 없이 스마트폰만 들고 노는 아이
단순하고 경쾌한 세상에는 외워야 할 시험문제가 늘었지만
귀 닫고 학원 가는 자식들에게는 고액과외만이 진리

개천에서 나지 않는 용
사교육에서 사육되는 용
과외비에 기절하는 가계부
거품 수업료에도 대기표 끊는 치맛바람
단순하고 경쾌한 세상에는 나는 용
스마트한 게임에도 뛰는 용
귀 닫고 과열하는 과외만이 휴일이 없다

마음 더듬이

시집을 트렁크에 싣고 우편소인 대신 집집마다 방문하는 날
더 넓은 평수로 이사한 재테크 언니의 눈가에 그늘이 짙다,
명품아파트와 시집
빌린 노막에 앉아 서녘 노을을 매번 배웅하는 스승님의 음지
는 깊다, 무소유와 시집
집이 무엇일까?
며느리 아들 발길 끊긴 집으로 남편제사라도 되찾아와야겠다
는 젊은 어머니
시집이 무엇일까?
시집이 가벼워지는 동안
고구마 한쪽 마늘 한 봉지로 무거워지는 트렁크
서울 가고 없는 오빠네
낮은 담장과 함께 구워 먹던 고구마 불탄 자리에 서서
길게 불러본다
오래 불러본다
더듬더듬 온기를 지피며 우편함에 시집을 꽂아놓는다
다 함께 살았던 시집

천사의 눈물

황사 그치자 바로 안개 낀 오전, 찌는 더위로 한낮은 열대입니다
저녁 비행기를 타고 온 종친회 형님은
한밝식당의 모듬 순대를 가스버너에 올려놓고 환영사를 읊습니다
제주 막걸리는 세카 형님,
이슬 같은 나는
카스에 열 올린 연암과 입안을 헹굽니다
빙하기의 세카를 울리고 싶지 않았지만
연암이 마감에 헉헉대다 울던 날처럼
다산이 육지로 유학 가며 울던 밤처럼
눈물을 갑자기 흘려서 당황했지만
눈물을 받아 마신 나는
바야흐로 빛나기 시작합니다

남자들을 울리는 게 주특기는 아니지만
내가 여자임에도 불구하고
내가 유부녀임에도 불구하고
내가 쪽이 좀 팔린 지방 유지인데도 불구하고

- 막둥이 아시야*~
벙어리 숫총각처럼 나를 부르며
나를 추상적으로 망각한 부름은
빽하면 울고 있습니다

집 나간 마누라 소식에 울고
보살 같은 마누라를 씹다 울고
헤어진 여자 때문에 울고
도대체 왜 내 앞에서 고해성사를 하는지
나는 눈물을 마시며 왜 빛나야 하는지
모듬 순대에 술이나 한잔하자고 동행한 봄밤,
눈물로 젖는 어리둥절한 귀,
왜 다시 황사 낀 안개 속에서 얼룩진 나를 붙잡고 빛나는지

* '동생'의 제주어.

쓴 시

시낭송회에 가서 내가 쓴 시를 듣고
굵은 빗줄기 따라
뒤풀이 끝나면
가끔 노래방 가서 가수도 되지만
슬쩍 커피잔을 잡는 나
시인들의 담배가 소주와 섞여
내 커피잔을 채워주기도 하지만

소주와 담배는 창작의 에너지라고
뺑튀기 넉살에도 가난한 내 시는
번호표만 만지던 내 시는

그 시절 투명한 날개 한 쌍 달렸노라고
그 시절 바람과 한바탕 싸웠노라고
뚝뚝 떨어지는 재속에 고단한 시인들의 겨드랑이를 보았지만

그때 어머니 뱃속에서 번호표 받고 세상을 기다리던 나
어머니가 쓰디쓴 커피로 밤을 새며 딴따라아버지를 기다리다
기다리다

쓰던 시
아이에겐 물려주고 싶지 않다는 추억으로
밤새 몸살 앓던 커피잔
터진 잔 가득 채우던 시가 나였으니

시의 힘

윤달, 신구간, 오일장이 서는 날
신이 잠시 인간세상을 떠난다는 손 없는 나날
측간을 고치거나 평소 동티가 날 것 같던 곳을 손보는 날
반대로 경조사는 피하려 애쓴다는 날

이런 날,
나에게 들이닥치는 이들은 무엇인가
보이지 않으나 인간세상에 머무는 이들

이 백 년 만에 억울한 양제해를 대신 변론해서
4 · 3에 잃어버린 마을을 찾아가서
혹은 이 시대의 법정까지 갔다 와서
시로 옮겨 썼을 뿐이나

신이 없을 때 인간에게 하소연하는 이들과
밤새 울다 울다
시 한 줄을 쓰고
몸을 사리며
한 줄 지우고

자기검열하는 내가 요즘 시 한 줄에
명줄을 늘였다 줄였다 한다

작은아들이 내게 한마디 한다
이런 시는 우리끼리만 읽어요

큰아들이 내게 한마디 한다
그만 시 왜 써요

새벽별도 춥고
새벽달도 추운데
발이 시린 저들이 서서 우는 새벽
윤달이 끼어든 십일월

시 한 줄에 줄을 서야 하는 갸륵한 새벽공양

시 한 줄 늘였다 줄였다 하는
시인이 무슨 힘이 있다고
시인의 시가 뭐라고

다치니까, 남기지 마

하물며 대통령도 안티가 있어 온통 비틀며 비웃는 개그가 있는 나라에 더군다나 신도 인간미가 있어 부적절한 관계라는 소설이 베스트셀러가 되는 나라에

청소년들의 우상도 스캔들 곤욕을 치르면서 예술의 자존심을 위해 벗겨지는데

인터넷과 뉴스를 눈멀게 할 수 있는 거물의 힘

인터넷과 뉴스의 눈은 어떤 힘이 생겨나서
희고 깨끗한 찬양일색의 블로그들만 남게 했을까

어떤 힘이 있어
수많은 폐단을 감쪽같이 묻어놓았을까
수많은 한숨들의 곰팡이는 어느 동굴에서 말을 잃고 폐쇄되었을까

나는 어느 묘비명에 던져 깨진 계란일까
몇백 년 후에나 벗겨질 진실은 어디에 기록해야 할까

깨진 계란들은 모두 어디로 가서 침묵을 낳고 있나

4부
연암 곁에서

매화꽃차

이월의 매화꽃은
별에서 내려온다 했지요
꽃이 얼어버리는 별에서
내게 왔다 했지요

당신은 잠깐만 피었지요
남풍보다 빠르게 번져
봄꽃보다 먼저 피었지만요
섬이 통째로 달아올랐지만요

당신에게 물든 이월이
꽃차로 피어있지만요
몇 광년 전부터 흘린 별빛으로 내 눈 속에 피고 있지만요
당신 없이도
아득하게 영원하게 남몰래
내 속으로 피었지만요

능수매화

너는 매년 이맘때 찾아와서 긴 가지로 나를 꼭 안아 준다
긴 가지로 감아쥔 꽃잠에 숨 쉬기 힘든 나는 가위에 눌리고,
눌려도 좋아서 쥐가 난 반쪽 꿈을 꾼다
꽃 세상으로 가자고
암향을 피워둔 초경에 반쪽 꿈을 꾸는 나비,
나비의 숨으로 잠드는 나를 긴 가지로 감아쥔
늦눈보라가 내리는 꽃길
가슴이 목젖까지 쥐가 나는 줄도 모르고 눈 자국 찍었다
네가 가고 나면 짧은 가지들이 가꾼 꽃 세상,
이곳에도 향기에 취한 나비가 살 수 있다

다만, 긴 가지에 피었던 꽃잠은 없을지라도
꽃길 한 바퀴 돌고 나면 너는 어김없이 올 테니

ㅋㅋ

안부를 전하는 ㅋㅋ
안도의 한숨 대신 답하는
배추 속 채우 듯 끼워 넣는 자음
모음으로 혼자 누운 스토리마다 응원을 보낼 때
열심히 이겨낸 외로운 글자들의 선을 따라 발자국을 남기네
눈물이 나는 너의 눈가를 닦아주며 권하는 술 한잔에
위로를 살며시 띄워 주고 싶을 때도 ㅋㅋ
수많은 말을 생략한 귀가 열심히 끄덕이는 소리
수줍은 듯 동의하고 개구쟁이처럼 훌쩍일 때도 ㅋㅋ
혼자 눈 내리는 날 생일 밥을 지어먹을 때도
철 지난 다이어리에 친구들과 놀던 장소와 시간의 번진 기록이
간단한 분절음으로 따뜻한 회포를 풀 수 있다면 ㅋㅋ
지난 밤 내가 남긴 찻잔에 일부러 남긴 찻물의 의미가
식은 찻물을 홀짝이며 콧노래로 번질 수 있다면
구불구불 흘러오는 귓가의 ㅋㅋ
안부를 잇는 선이
허기진 독신의 동굴 속 수많은 쓸쓸을
다시 일으켜 세우는 ㅋㅋ이 될 수 있다면
뜨거운 발자국으로 너의 가슴에 남을 수 있다면 ㅋㅋ

가을 해변

백사장에 혼잣말로 물그림을 그리는 물총새
멀어져가는 소식과 떠나지 않고 남아
색바랜 붉은 말의 등불을 끄고 있다
비좁던 발자국을 덧칠하던 파도는 아직도 모른척 한다
단조로운 도시 가까운 해수욕장,
밤마다 손잡고 걷던 봄 지나 여름까지
우리의 심장소리가 너무 커
모른 척 지나간다
파도도 소리를 낸다는 말
파도의 가르랑 기침소리
아파서 떠나지 못하는 새소리라는 말
나는 법을 잊고 기다림만 남은 아바타의 가을,
왼편이의 발자국은 어디까지 갔을 까
백사장에 지나간 계절 따윈 모른 척
가을의 ㄹ 앞에서 목이 잠긴 노래만 코러스 없이 지쳐간다

탐매행

서른 즈음 어딘가, 건너던 문
소싯적에는 복사꽃이 필 때마다 잠을 못 이루었습니다
정인의 향기가 꿈속까지 퍼져 밤길로만 귀가 자라났으니까요
앓고 앓아도 몸은 쉽게 식지 않아
오직, 복사꽃 나무 아래서 추고 싶은 춤뿐

몇 해부터 매화가 필 때면 찾아오는 지음
내 열정을 그대로 지닌 그가 글을 품고 찾아오면
아무것도 판단할 수도,
아무 감각도 열리지 않았으니까요
모든 게 새롭게 피어났으니까요
오직, 내 마음 그대로 알아주는 그가 있어서
춤 대신 노래를 불렀습니다
시가 노래가 되고,
노래가 마음이 되고

그가 다녀가는 동안 나의 겨드랑이에 날개가 돋아나고,
뺨 주위로 분홍주의보가 내려졌습니다
긴장한 꽃샘추위에 시달렸습니다

찾아오는 마흔의 중턱,
바람은 차갑고, 눈보라와 빗물이 환절기처럼 풍경이 되어주지만
향기는 깊고 그윽하기만 한 지음

매화를 따라 남쪽 마을을 여행하자고

함께 가자고, 붉은 홍의를 입은 그가 내게 긴 가지를 내밀 때면
마냥 휘감겨 녹의를 입은 내가
흰빛이었다가 붉어지면
가만히 남겨두고 떠나는 그도 어쩌면

볕을 쪼인 열흘 혹은 보름 동안, 동안의 얼굴로 다시 깨어난
내 주위가 따뜻해졌으니
봄물이 번졌으니
떠나지 않은 나를 위해
개구리가 깨어나고
작달막한 봄꽃들이 합창한다고 했지요

숯 가슴의 그가 떠난 문 뒤로
남풍이 불고
홍의에 데인 내 가지에 붕대를 풀고 돋아나는 사랑니가
우두커니와 대화를 하고 있다면

선물 같은 풍경 속에서 문득,
윤이월의 화음으로
사춘기 소녀가 매화로 피었다면

사랑해, 죽지 마

- 멀리 떠나보낸 것은 너의 낡은 외투뿐이다.

너는 죽음을 준비하듯 고향으로 머리를 돌렸다. 내가 너에게
희망이 되어줄 수 있다면 너는 낡은 외투를 버리고 새로 태어난
긍정으로 돌아온다면

내 사랑이 부족했다 해도
너에게 작은 빛이 되었다면 너는 짧은 삶을 정리하는 대신,
어둠과 곰팡이 나는 습기를 털고 온다면

내게 다시 살고 싶다고 손을 내민다면
너에게 내가 봄날이라면
너에게 나는 천사의 커피타임이라면
꼭, 한 달만 사랑으로 누웠던 섬을 희망으로 읽었다면

불멸의 문장가여,
꼭, 한 달만 너의 삶을 이끌었던 나였다 하더라도
돌아와서 나의 왼손을 잡아주는 오른손이 되어 준다면

사랑하는 죽음이여,
부디 낡은 외투를 버리고 돌아온다면

밤배

오누이 같이 정다운 사람아,
내 눈 속에서 빛나던
너의 미소를 싣고 떠난다
보석을 뿌리며 떠난다
어둠의 세계여도,
눈이 멀고 귀가 멀어도 함께 있어
좋은 사람아

함께 있으면 좋은 사람

빨간집 가기(촌스런 차림으로 시골 읍내에서 알았죠)

빛 보며 바다에서 생라이브로 노래 불러주기

비눗방울 불기

영화를 보다가 어깨에 기대어 졸기(코 골아도 되는 나이니까요)

안개비 속에서 키스하기

비 쫄딱 맞고 소나기처럼 아파보기

해물파전에서 케이크까지 만들어 보기

동방불패처럼 바닷속에서 술 마시기

아침까지 술 마시다, 오줌 싸다, 울다, 코 골며 술자리에서 자도 다시 만나기

꼭 껴안아 주며 헤어지기

보디가드처럼 눈빛으로 보호하는 후광, 배후, 서로 지켜주기

함께 탐험하고, 낯설고 어두운 곳, 무섭지만 가고 싶던 곳 가기

늙어도 바보들처럼 옆에 있어주기

헤어질 땐 '안녕' 하며 손 흔들어 주기(다시 보자는 허락이니까요)

이성은 포기했으니 인류애처럼 근친처럼 무한 지지해주기

가끔은 지나가는 말로 사랑한다고

못 들은 척할 테니
크게, 크게, 그렇게

어

네와 그래
때론 알았어
대신
짧게

우리 다시 만나면
깊어 간절한 말 대신
애절하게
그냥 한마디로
다시
시작하자는 대답

폭설

사랑하면서 내 얘기는 쓰지 말라던
사랑하면서 내 손은 잡지 말라던
추억까지 깡그리 짓밟은 그 말만 생각나던 날
낯선 곳에서 혼자 이별을 맞는 밤
당신 대신 흔적을 지우며 배웅하는 등 뒤

당신의 아내는 아직 고집스런 소녀일 거야

봄밤 여린 물소리처럼 울던 여고생으로
달력과 거울을 달고 살던 모습으로
가끔은 눈물로 얼룩진 편지를 쓰고 있다면
가계부를 치우고 허전한 사랑에게 고백하고 있다면
겨울로 가는 구름도 사랑을 찾아 그림자가 짙듯이
잿빛 하늘도 햇살이 그리워 은별을 나무에 장식하듯이
눈꽃도 가난한 사랑을 설렘으로 바꾸어 내린다는 걸 알았다면
겨울밤엔 홀로 울기 싫은 창문도
보름달 아래서 매화꽃 밥상을 차린다는 걸 알게 되었다면
바람도 겨울이 되어야 뒤늦은 그리움에 운다는 걸 알게 되었다면
문득, 아무데서나 감정에 복받쳐 여러 날 아프다면
이 모두가 당신 때문이라면

네잎 클로버

우리가 사랑할 때
네잎 클로버와 같아서
세 잎의 사람들은 낯선 사람들이라 불렀지요

우리가 사랑할 때
이 세계의 책갈피가
햇살처럼 아름다우니
세 잎의 사람들은 간절히 바라는 희망이라 불렀지요

우리의 사랑은
봄날처럼 짧았지만
행복하고
행복하였으니

돌아가고 싶은 한순간처럼
우리는 한 번도 이별한 게 아니라오

봄 인사처럼 안녕

해가 뜨면 머리를 푼 채
도두봉 밑자락의 보리밭은 흔들렸고
손도 없이 흔드는 비행기는 나를 등지고
다시 서울로 불어가는 당신의 이름을 싣고 갔다
당신이 깃을 추스르던 시절에
물들인 웃음이었던 내가
빛나던 당신의 속내까지 적신 활주로 위로 잊혀간다

달콤한 시절의
보리들은 허밍에도 익었는데
떠난 당신이 부르던 노래가 귀도 눈도 가린 채 이마를 짚는다

아무것도 자라지 않는 그곳에서
당신은 아무것도 키우지 말기를
그리운 것들이 자라는 이곳에서
빛나는 눈시울에 미움도 외로움도 띄워 말리고 있을 테니

당신도 조금 울었나요
별빛 쏟아지는 바다를 등지고 가만히 불러본다

동쪽으로 불어가는 보리 바람과 나는
활주로로 자라는 당신에게 느리게 손을 흔들며
묻고 싶은 안부를 눈물처럼 뿌려본다

너에게 주고 싶은 것들

나에게 세한삼우가 있다면
아랫목의 군불처럼 품이 따듯한 네가 있다
아무도 가려 하지 않는 눈길 위에 길을 만드는 내가
언 손을 잡아줄 이 하나 없는 들판에서
홀로 한판을 하며 눈발에 맞서고 돌아와도
마른 등짝을 끌어안는 너의 품이 있다

나에게 세한삼우가 있다면
잠든 열정을 깨우며 노래로 춤추는 네가 있다
누구의 아픔인 양 너는 아무렇지 않게
솔직한 상처를 내보이면서
나에게 상처는 별거 아니니 털어버리라고
삼박자로 다독이며 일으켜주는 네가 있다

나에게 세한삼우가 있다면
웃음 짓는 이야기로 여행길을 동행해주는 네가 있다
차가운 동굴에서 고구마 한쪽으로 끼니를 때워도
아라비안나이트와 하늘을 나는 라퓨타를 끌고 온 네가
꿈꾸는 봄까지 견디게 해준다

내가 세한삼우에게 줄 수 있는 것은
진실한 구애뿐이니
오직 영원한 사랑뿐이니

눈물은 왜 나를 아껴 먹는가

왜 이제야
봄밤에 달아 놓은 성산 일출봉의 환한 꽃등이
성탄 종소리로 내려와 그대를 못 잊게 하는가

왜 이제야
지난여름 그대와 발을 담갔던 협재 바다에 닿아
비양도보다 멀리 가버린 꼬리 잘린 사랑 고백을 추억하는가

왜 이제야
체온 속에서 꿈을 키웠던 가을 낭만을 슬퍼하며
사계 바다의 귤빛으로 아껴 먹는가

왜 이제야
나 혼자 밥을 먹고, 나 혼자 노래하는 별이 되어
제주바다를 건너 온 러브레터와 시린 이별 하는가

말없이 나를 바다에 데리고 갈 때마다
그대가 눈 속에 넣었던 나를
그대가 가슴에 새기던 나를

영원히 지켜주겠다던 약속은 어디로 갔을까

겨울 바다는 왜 남자의 눈물을 흘리며 후회하는가
온몸 바다는 왜 혼자 부르는 노래만 남겨 놓았는가
그대는 도대체 왜 사랑으로 눈물바다를 건너오지 못하는가

가을 밤

당신과 함께했던 술자리에는 가지 않겠다
막걸리에도 당신의 침이 고여있고
미나리에도 입술이 번졌고
반쪽 파전처럼
입꼬리도 하늘에 걸려있어
배시시 눈물이 난다

귀 한쪽에 따라와
자꾸 당신이 말하는 소곤거림에
시무룩한 나를 보고
모두가 실연당한 거라며
인중을 가리는 손가락으로 웃지만
당신이 바짝 끌어당기는 흰 벽의 그림자 따라
모두 제각각의 말들을 풀어놓지만
당신의 말만 히히잉
내 귓전에 울리면 푸르고 시리다

당신이 올 수 없어 더 그리운 밤은
달의 주위를 배회하는 반편이 술꾼은 되지 않겠다

아무곳에서나 당신을 가슴 밖으로 꺼내어
슬그머니 술자리를 빠져나와 당신 이름을 닦아보는 밤
당신이 돌아올 때까지
가을은 잊혀진 계절이다
취하지 않는 밤
잠들지 않는 밤
나는 잊혀진 사람이다, 당신과 함께

얼음새꽃

그대를 눈꽃마을에서 만났을 때
그대는 별에서 온 어린왕자라고 생각했지요
담쟁이가 남긴 발자국 사이로
뽀드득뽀드득 여린 백설의 등을 다는 별꽃 같았지요

그대는 처음 만난 나에게
시린 주머니 속에 풀빵과 군고구마를 넣어주는 사람이 되고 싶다 했지요
함께 동시가 익어가는 마을이 되어
얼음새의 발을 녹여 주는 사랑을 하고 싶다 했지요

별의 무늬로 내리는 눈꽃이여,
내 곁에 있는 줄도 모르고
별자리가 그대의 눈꽃인 줄 모르고
싸락눈 맞으며 외로운 얼음벽에 누비질만 하고 있었지요
차가운 송곳니가 되어 겨울 문풍지 앞의 고드름으로 살았지요

부르튼 입술로 불러 보는 그대여,
흰 목덜미에 내려와 녹는 함박웃음이여

사랑으로 녹는 것도 있다는 것을
별꽃이 눈물로 지고서야 알았지요

기다릴게, 천천히 돌아와

너는
내 마음을 엿보고는
즐거워했고 위풍당당하게 고백했다
마음대로 해석하는 너에게
마음을 다 허락하지 못했다
내 마음이 자꾸 새어나가
비밀번호가 바뀌었지만
너는 오직 하나의 암호만
부여받았다

네가 오는 날에는
비밀번호를 다시 돌려놓고
네가 열고 들어오는 걸 숨 가쁘게 기다렸다
가끔 비밀번호는
너의 즐거움과 너의 그리움과는
다른 번호로 저장된 채
'관계자 외 출입금지' 라고 쓰여
아무도 들어올 수 없게 만들었다
비밀번호를 돌려놓는 걸 잊은 건 나인데

너를 기다리며
너를 원망하며
오지 않는 네가 열어주길 기다렸다

이제
비밀키와 공개키는 모두 너의 것이다
나는 너만 열 수 있으니

시인의 말

머리는 하나, 가슴은 둘, 손가락과 발가락은 스물이라
추사는 하나면 되고, 다산은 마음 알아줄 둘이라
연암은 스물도 모자라다.
연암은 울기 좋은 곳을 찾아 울음터를 지으려 했다.
울음터,
웃음 쪽으로 퍼지던 젊음도
혼자,
어머니 품속에서
파도치는 검은 바위에서
숲 속 고요에서
혼자,
울어야 할 때가 온다.
추사였던 내가 다산이 되고
연암의 삶을 사는 것은 어찌할 수 없는 순리라
모두 내 모습이라.
손바닥으로
발바닥으로
이생을 바쁘게 지탱해주는 연암들에게
울음터가 되어줄 수 있는 시집이 되면,
될 수만 있다면.

12월 연암골에서 김병심